I0407624

La questione
dell'onestà apparente

Nella mia vita ho conosciuto solo persone oneste.

Ma è vero?

A fare bene i conti **non tutti** quelli che ho conosciuto, più o meno sommariamente, si possono definire onesti, anche se tutte le persone li hanno considerati tali.

Prendiamo per esempio i tabaccai.

Se chiedete in giro sulla loro onestà, la risposta è una domanda del tipo: "Perché che cosa ha fatto?" Infatti, tutti si rendono conto che una persona è disonesta se ruba, ma non si accorgono di quelle persone che compiono quotidianamente dei delitti e risultano onesti perché l'educazione e le leggi che ci hanno cresciuto non prevedono la loro azione come delittuosa.

Negli anni 50 del secolo scorso, si poteva argomentare a loro discolpa che non sapevano che quello che vendevano portava a morte certa il cliente.

Attualmente nessuno può sostenere che le sigarette e i prodotti simili non siano dannosi in maniera grave per la salute del cittadino.

Eppure i tabaccai continuano a distribuirle a piene mani, non hanno scrupoli di coscienza, in fondo si dice che il fumare sia una libera scelta.

Forse è una libera scelta alla prima, ma già non lo è alla seconda sigaretta e comunque perché uno stato che si definisce civile dovrebbe offrire la possibilità di suicidarsi?

Infatti, tra le circa 600 sostanze che possono essere aggiunte al tabacco, ve ne sono alcune che facilitano l'assorbimento della nicotina rendendo meno sgradevole il sapore e quindi creando una fidelizzazione del cliente alla marca. Il problema non è solo la presenza del tabacco, la generazione del catrame e del monossido di carbonio dalla combustione, ma proprio gli additivi aggiunti.

Le principali sostanze che si possono trovare nella sigaretta sono:

Ammoniaca. Aumenta la dipendenza facilitando l'assorbimento della nicotina da parte del cuore e dei polmoni.

Arsenico. È un noto veleno che si accumula e provoca danni al cuore e vasi sanguigni. Interferisce con la capacità di riparare i danni al DNA. Danneggia il sistema digestivo e nervoso.

Benzene. È appurato che sia cancerogeno aumenta il rischio di anemia, leucemia, alterazioni genetiche. Provoca danni ai tessuti ossei. Provoca complicanze nelle donne in gravidanza.

Cadmio. È un metallo che provoca danni ai reni e alle arterie. È sicuramente cancerogeno. L'organismo può espellerlo con l'urina, ma se la quantità è elevata, si accumula.

Catrame. È un misto di elementi chimici che si generano dalla combustione del tabacco. È responsabile di quella patina marrone su denti e dita.

Cianuro d'idrogeno. Responsabile di danni al cuore, ai vasi sanguigni e alle vie respiratorie La sua azione consente agli elementi tossici di entrare più facilmente nei polmoni.

Cromo. È un elemento che facilita i cancerogeni nel danneggiamento del DNA. È comunque cancerogeno.

Formaldeide. È un cancerogeno sicuramente. Gli effetti più evidenti sono: irritazione agli occhi e alle mucose e tosse frequente.

Monossido di carbonio. È un gas incolore e inodore generato dalla combustione delle sigarette. Diminuisce la quantità di ossigeno che il sangue può trasferire perché si lega allo ione del ferro dell'emoglobina sostituendo l'ossigeno.

Ossido d'azoto. È usato per facilitare l'assorbimento della nicotina e degli altri elementi nocivi perché la sua azione dilata eccessivamente le vie aeree.

Basterebbe questo affinché un tabaccaio con un minimo di reale coscienza, decida di cambiare mestiere e di smetterla di avvelenare la gente.

Eppure no. Nessuno smette.

Se la questione vi sembra di poca importanza, considerate che in Italia una stima approssimata indica in circa 22.000, i posti dove si vendono sigarette e simili. I fumatori certi sono circa undici milioni, il che approssimativamente ci indica una media di 450 clienti per rivenditore di tabacchi.

Ognuno di loro quindi, nel corso della sua vita, uccide una cifra di persone oscillante intorno al valore medio 450. E resta impunito. Anzi, lo considerano onesto.

È una brutta questione. È la questione dell'onestà apparente.

Certo ci sono delinquenti ben peggiori. I produttori di sigarette e simili che si prodigano con tutto il cuore a immettere sostanze che aumentando la dipendenza, incrementano i loro guadagni e lentamente giorno dopo giorno, distruggono la persona.

È una strage che nessun politico ha mai manifestato la reale volontà di fermare. È uno sterminio legalizzato in nome di posti di lavoro, interessi commerciali spropositati e altre giustificazioni immorali e indecenti. Si fa passare per normalità ciò che dovrebbe essere perseguito con mano ferrea dall'apparato giudiziario penale.

Eppure no. La gente muore, ma va bene così, in fondo il mondo è sovrappopolato.

Non voglio toccare l'area delle droghe illegali perché essendo tali, sono già perseguite, almeno formalmente.

Parliamo invece di altri alacri avvelenatori, i quali come i tabaccai, nonostante che oggi che la scienza ci ha reso noti gli effetti nocivi di certe sostanze chimiche, continuano tranquillamente a immettere sul mercato prodotti tossici travestiti. Il settore alimentare è riccamente popolato da questo genere di persone.

Un industriale del settore alimentare, dovrebbe nell'ideare un prodotto destinato all'alimentazione, preoccuparsi innanzitutto che sia realmente un alimento e quindi per definizione benefico per il corpo e senza controindicazioni. Invece la loro preoccupazione maggiore (comune anche a cuochi famosi) è quella dell'apparenza e del sapore perché sono i due elementi principali che gli consentono la vendita. La seconda preoccupazione è quasi sempre produrre al minore costo possibile in maniera tale che il guadagno sia massimo.

Ci sono in giro delle cose che fanno paura.

Non sono alimenti non rispondono alla definizione di cibo.

Quello che succede spesso al supermercato, se non si presta attenzione, è di comprare qualcosa che la pubblicità e la confezione ci hanno indotto ad acquistare facendoci credere che sia qualcosa che non è.

La presenza di certi additivi chimici, mai giustificabile, rende nocivo il prodotto, quindi assumendolo non miglioriamo il nostro stato, ma lo peggioriamo e ci mettiamo in serio pericolo. È come se ogni volta che mangiamo rischiamo di avvelenarci, fatto assurdo e incomprendibile che non dovrebbe aver luogo mai, soprattutto se questo dipende da industriali e commercianti che non possiamo più definire poco attenti, ma realmente responsabili del nostro malessere.

Vediamo un attimo i tipi di additivi più rischiosi e dove si trovano più frequentemente.

Le classi, secondo il loro impiego, sono:

Acidificanti: servono a incrementare l'acidità del prodotto.

Addensanti: servono ad aumentare la viscosità del prodotto.

Agenti di carica: servono ad aumentare il volume del prodotto lasciando inalterato il valore energetico.

Agenti di resistenza: sono utilizzati per conservare la resistenza della frutta e dell'ortaggio oppure per aumentare il gusto croccante. A volte sono usati insieme agli agenti gelificanti nella produzione o nel consolidamento di un gel.

Agenti di rivestimento: usati per proteggere il prodotto. Sono applicati esternamente.

Agenti di trattamento delle farine: il fine è *migliorare* la qualità della farina e sono quindi aggiunti durante la lievitazione e la cottura.

Agenti lievitanti: servono ad aumentare il volume di un impasto tipo quello del pane.

Amidi modificati: in origine erano amidi alimentari, ma poi sono stati modificati con trattamenti chimici, enzimatici e fisici.

Anti agglomeranti: servono a ridurre la possibilità che particelle si aggreghino l'una con l'altra.

Antiossidanti: sono usati come conservanti perché impediscono l'ossidazione del prodotto.

Antischiumogeni: servono a ridurre o eliminare la formazione di schiume.

Aromi o sostanze aromatizzanti: servono a rendere il prodotto più appetibile infondendogli aromi particolari.

Coloranti: servono a colorare un alimento in maniera particolare.

Conservanti: servono a estendere il periodo di conservazione dell'alimento perché lo proteggono dai microorganismi.

Correttori di acidità: impiegati per ottenere l'acidità o l'alcalinità desiderata di un prodotto.

Edulcoranti: per ottenere un sapore dolce del prodotto.

Emulsionanti: impiegati per ottenere una miscela omogenea di elementi che altresì non sarebbero miscelabili.

Enzimi: sono utilizzati per intenerire la carne, per estrare gli aromi e non c'è obbligo di indicarli in etichetta.

Esaltatori di sapidità: servono a esaltare il gusto di un alimento.

Gas d'imballaggio: sono gas diversi dall'aria introdotti nella confezione.

Gas propulsori o propellenti: sono gas diversi dall'aria che servono a espellere il prodotto dal contenitore.

Gelificanti: utilizzati nella formazione di un gel.

Sali di fusione: servono a disperdere le proteine nel formaggio. In questo modo si ottiene una distribuzione omogenea dei grassi e degli altri elementi.

Sequestranti: servono a formare elementi chimici con gli ioni metallici.

Stabilizzanti: stabilizzano chimicamente e fisicamente il prodotto.

Umidificanti: usati per impedire che il prodotto si secchi o per favorire la dissoluzione di uno stato in polvere in acqua.

I giudizi che ora riporto sono moderati e ponderati. Vediamo quelli meno adatti all'alimentazione umana divisi secondo la classificazione precedente. Sono riportati solo gli additivi di cui si hanno informazioni sufficientemente certe. Alcuni compaiono perché sono vietati in Australia o altro luogo e quindi se hanno fatto questa scelta, un motivo valido devono averlo trovato.

Tenete conto che la maggioranza di loro sono inutili. Pensate ai coloranti, cosa gli frega al nostro apparato digestivo e al nostro organismo se un alimento ha un colore piuttosto che un altro?

Leggete le tabelle con attenzione.

Classe dei coloranti

E102 (Tartrazina)
Categoria: colorante (idrocarburi policiclici aromatici)
Si trova nei dolci, sciroppi, bibite, conserve vegetali (escluse quelle di pomodoro), gelato allo zabaione.
Tossicità: Probabilmente cancerogeno. Devono evitarlo assolutamente gli asmatici, i bambini, gli allergici all'aspirina. Può causare raffreddore, eruzioni cutanee, problemi respiratori, insonnia nei bambini, offuscamento della vista, gonfiori. Insieme ai benzoati (E201-E215) può causare iperattività nei bambini, per questo non è ammessa nei prodotti destinati all'infanzia.

Vietato: in Norvegia, Austria, Finlandia e Svizzera — è ammesso in Europa. Uso limitato in Svezia e Germania.

Altri usi: come colorante in campo farmaceutico!

E103 (crisoina resorcinolo)

Si trova: nelle caramelle, bibite, liquori, gelati.

Tossicità: devono evitarlo assolutamente i bambini.

Vietato: in Australia e nell'Unione Europea.

Altri usi: utilizzato anche per produrre insetticidi e farmaci!

E104 (giallo di chinolina)

Si trova nelle caramelle, merluzzo affumicato, bibite, liquori, gelati, uova, chewing-gum, canditi, sciroppi, marmellate, liquori, bibite; margarina, pesci secchi e salati, ortaggi sott'aceto e sott'olio, uova di pasqua.

Tossicità: controversa - c'è chi sostiene che abbia effetti negativi sulla retina e il fegato, stimola la produzione d'istamina.

Vietato: in Australia-Usa-Giappone-Norvegia-Canada --- ammesso in Europa.

Altri usi: come pigmento nei tatuaggi. Si può trovare anche nei medicinali per uso orale come i confetti e gli sciroppi!

E105 (giallo rapido0 ab)
Vietato: nell'Unione Europea

E106 (5'-riboflavina)
Vietato: nell'Unione Europea

E107 (giallo 2g)
Si trova: nella maionese e in pochi altri prodotti.
Tossicità: provoca asma, iperacidità, allergie e deficit di attenzione nei bambini.
Vietato: nell'Unione Europea — Usa — Francia — Svizzera — Austria — Norvegia — Svezia --- Giappone.

E110 (giallo arancio)
Si trova in vari dolci, paste, bibite, sciroppi, gelati, prodotti di pasticceria, ghiaccioli, caramelle, chewing-gum, canditi, sciroppi, marmellate, liquori, bibite, margarina, pesci secchi e salati, ortaggi sott'aceto e sott'olio. Medicinali per uso orale come confetti e sciroppi!
Tossicità: può provocare eruzioni cutanee. Devono evitarlo assolutamente gli allergici all'aspirina e gli asmatici.

E120 (cocciniglia)
Si trova: in alcuni liquori o aperitivi **Tossicità**: ottenuto essiccando e polverizzando la cocciniglia. Sconsigliato per i bambini.

Vietato: Ammesso in Europa

E122 (azorubina)

Si trova in alcune bevande, sciroppi, bibite, gelati.

Tossicità: Provoca eruzioni cutanee. Lo devono evitare gli asmatici e gli allergici.

Vietato: Ammesso in Europa

E123 (amaranto)

Si trova nel caviale

Tossicità: accusato di essere mutageno.

Vietato: USA (fin dal 1976) – da noi ammesso tranne che nel caviale.

E127 (eritrosina)

Si trova nella frutta sciroppata, canditi, gelati, caramelle, prodotti di pasticceria, ghiaccioli, chewing-gum, sciroppi, marmellate, liquori, bibite, margarina, pesci secchi e salati, ortaggi sott'aceto e sott'olio. Medicinali per uso orale come confetti e sciroppi!

Tossicità: accertato aumento nei topi dei tumori alla tiroide per alti dosaggi. Può aumentare i livelli ormonali della tiroide, può causare ipersensibilità alla luce.

Vietato: Ammesso in Europa –Vietato negli USA.

E128 (Rosso 2G)

Vietato in Australia e Unione Europea

E129 (rosso allura)

Si trova: nei dolci ripieni di frutta o nei biscotti.

Tossicità: aumenta lo stato allergico, irrita la pelle.

E131 (Blu patent)

Si trova: in alcuni liquori, caramelle, sciroppi, gelati, prodotti di pasticceria, ghiaccioli, chewing-gum; canditi, marmellate, bibite; margarina; pesci secchi e salati, ortaggi sott'aceto e sott'olio. Medicinali per uso orale come confetti e sciroppi!

Tossicità: ci sono pochi studi, ma qui è presente per il divieto in Australia.

Vietato: in Australia – Ammesso in Europa

E150 (caramello)

Si trova: in prodotti di pasticceria, acquavite gelati, liquori, bibite tipo cola, caramelle, chewing-gum; canditi, sciroppi, marmellate, margarina; pesci secchi e salati, ortaggi sott'aceto e sott'olio.

Tossicità: non è un colorante naturale, è potenzialmente tossico per la procedura di trattamento degli zuccheri con calore e acidi come il solforico e l'ammoniaca.

Altri usi: nei medicinali per uso orale come confetti e sciroppi!

E151 (nero brillante)

Si trova nelle creme, caramelle, gelati.

Tossicità: in alcuni soggetti provoca eruzioni cutanee. Lo devono evitare gli allergici all'aspirina e gli asmatici.

E153 (carbone vegetale)

Tossicità: è sospettato di essere coinvolto nell'insorgenza del cancro.

Vietato negli Stati Uniti

E154 (marrone FK)
Vietato: in Australia

E173 (alluminio)
Vietato: in Australia

E174 (argento)
Vietato: in Australia

E175 (oro)
Vietato: in Australia

E180 (pigmento rosso)
Si trova: solo nella crosta dei formaggi.
Tossicità: in alcuni provoca eruzioni cutanee. Gli asmatici e gli allergici lo devono evitare.
Vietato: in Australia

Classe dei conservanti

da E210 a E219 (acido benzoico e derivati)

Si trovano: da E210 a E213 nelle confetture, gelatine, marmellate, gomme da masticare, bevande analcoliche, tutti prodotti che non necessitano di conservanti. Da E214 a E219 nei paté, rivestimenti di gelatina dei prodotti a base di carne, frutta in guscio ricoperta.

Tossicità: in forti dosi sono responsabili di cancro o reazioni allergiche, sono comunque tutti potenzialmente tossici.

Vietati: in alcuni paesi

E220 (anidride solforosa-biossido di zolfo)

Si trova nei funghi secchi baccalà, gamberi, conserve, crostacei freschi e congelati, frutta secca, marmellate e confetture, aceto, succhi di frutta.

Tossicità: E' dimostrata la perdita di calcio e la distruzione della vitamina B1.

da E221 a E228 (sodio solfito-bisolfito di sodio-metabisolfito di sodio-metabisolfito di potassio-solfito calcio-bisolfito di calcio-potassio solfito acido)

Si trova nei funghi e frutta secca, gamberi, baccalà, conserve, crostacei freschi o congelati, marmellate, farina di patate, vino, aceto, confetture, succhi di frutta.

Tossicità: può dare debolezza, tosse, mal di testa, respirazione affannata, ipo o iper sensibilità, ansimazione.

da E230 a E233 (difenile ortofenil fenolo-ortofenil fenato di sodio-tiabendazol)

Si trova negli agrumi e delle banane quando le cartine che avvolgono gli agrumi ne sono impregnate. Le sostanze possono migrare nel frutto.

Tossicità: possono creare problemi ai reni e al fegato.

E235 (netamicina)

Si trova: sulla superficie della crosta dei formaggi.

Tossicità: provoca problemi intestinali

da E236 a E238 (acido formico-sodio formiato-calcio formiato)

Vietato in Australia

E239 (esametilen tetramina)

Si trova: nel provolone perché aggiunto durante la filatura della pasta.

Tossicità: l'azione mutagena è stata riscontrata su un insetto.

E240 (acido borico-aldeide formica)

Si trova nel grana padano perché consentito nel trattamento del latte per la produzione.

Tossicità: l'azione mutagena è stata riscontrata su un insetto.

da E249 a E252 (nitrito di potassio e di sodio-nitrato di sodio e potassio)

Si trova negli insaccati crudi e cotti, carne in scatola, carni comunque conservate.

Tossicità: cancerogeno quando nel metabolismo si combinano con le ammine generando nitrosamine. Nei bambini possono provocare danni ai globuli rossi (metaemoglobinemia).

Altri usi: l'E251 come fertilizzante e l'E252 nei fiammiferi e nei fuochi d'artificio.

E304 (palmitato di ascorbile)

Si trova: nel burro, margarina, maionese

Tossicità: favorisce la formazione di calcoli alla vescica.

da E310 a E312 (gallati: propyl gallate – octyl gallate – dodecyl gallate)

Si trova nel chewing-gum, olio ma non in quello d'oliva, margarina, burro.

Tossicità: addizionato agli aromatizzati provoca eritemi.

E319 (butylhydroxinon terz-butilidrochinone)

Si trova: latticini, grassi fusi, oli commestibili, margarina, condimenti per insalata.

Tossicità: causa nausea, vomito, delirio. Dose massima giornaliera 0,02 mg/kg di peso corporeo. Dose fatale 5 g.

E320 (Butil idrossi anisolo-bha)

Si trova: nel pane, biscotti, margarina, chewing-gum, grassi idrogenati, patate fritte.

Tossicità: distrugge la vitamina D, aumenta il colesterolo e i liquidi, causa allergie, cancerogeno.

E321 (Butil idrossi toluolo-bht)

Si trova: nelle patate fritte, margarina, grassi idrogenati, chewing-gum.
Tossicità: provoca danni al fegato e ai polmoni.

da E338 a E341 (acido ortofosforico derivati)

Si trova: nelle bevande analcoliche gassate, gelatine.

Tossicità: probabili problemi digestivi, l'eccesso di fosforo toglie calcio all'organismo e facilita il rachitismo.

Classe degli addensanti

E407 (carragenine)

Si trova: nei gelati, caramelle, maionese, budini, chewing-gum, confetti, dolci, baccalà in scatola, frutta candita, semi-conserve ittiche, carni in scatola.

Tossicità: studi controversi sostengono che alle dosi di utilizzo sia innocuo, ma rimane un forte sospetto che a qualunque dosaggio causi coliti ulceranti e cancro.

Classe additivi vari

da E432 a E436
Tossicità: aumento dell'assorbimento delle sostanze liposolubili e dei grassi
Vietato: in Australia
E450 (polifosfati)
Si trova: formaggio fuso, latte in polvere e concentrato, spalla cotta, carne in scatola, carni preparate di tacchino, farina di patate, preparati per budini, insaccati cotti, prosciutto cotto, prodotti impanati e dolciari.
Tossicità: possono provocare occlusioni intestinali e causare problemi digestivi. Tolgono calcio al corpo favorendo il rachitismo.
E470 (sali di calcio, sodio, potassio, magnesio degli acidi grassi)
Vietato: in Australia
E474 (Sucrogliceridi)
Vietato: in Australia

Quello che mi ha stupito di questa ricerca è il fatto che non sono mai vietati in tutto il mondo. Se si accerta che un prodotto è tossico perché mai non si vieta in tutto il mondo?

Purtroppo la grande confusione delle informazioni sugli additivi chimici permette a persone definite oneste, di mettere in circolazione alimenti alterati che non rispondono più al principio basilare dell'alimentazione. Vorrei sottolineare che chiunque può trovare queste informazioni facilmente, basta avere un poco di pazienza per srotolare la matassa delle opinioni. Quindi certi industriali non possiamo definirli onesti e secondo me andrebbero perseguiti per legge. Il problema poi è più grave, non riguarda solo gli additivi chimici. Oggi mentre scrivo, molte industrie che fino a poco tempo fa usavano l'olio di palma, oggi si gloriano che nei loro prodotti non è più presente. Una grande conquista da parte dei consumatori e dei giusti organi di informazione, ma da parte loro un'infinita ipocrisia che si adegua solo quando centinaia di migliaia di possibili acquirenti evidenziano che il loro prodotto è sconsigliabile.

Il problema alimentare più grosso però è quello che si può definire dei falsi cibi. È vero che un alimento zeppo di additivi chimici rientra in questa classificazione, ma anche uno totalmente privo può essere un falso cibo.

La lista è innumerevole. Vi propongo alcuni casi per chiarire cosa intendo quando dico che anche il bagaglio culturale sull'alimentazione è importante e indispensabile e dovrebbe essere materia d'insegnamento almeno nella scuola dell'obbligo. Una corretta informazione può far scomparire quella pseudo cultura pubblicitaria che ha incentivato l'acquisto d'immondizia proponendola come cibo. Il non acquistare il prodotto metterebbe fuori gioco il produttore obbligandolo a produrre i giusti alimenti o cambiare attività.

Purtroppo le massicce campagne pubblicitarie martellano la nostra testa fino a indurci nel gesto inopportuno di acquistare il prodotto.

Partiamo da quello che ci hanno abituato a definire zucchero e considerarlo alimento. Mi riferisco a quello che più giustamente è classificato come zucchero bianco **raffinato**. Vediamo la sua reale azione. Premetto che l'eccesso di qualsiasi cosa è comunque dannoso, ma questo non è proprio un alimento.

Lo zucchero bianco raffinato, nella maggior parte dei casi, si ottiene con un procedimento che fa venire i brividi. Ecco le fasi salienti:

• la barbabietola o la canna da zucchero è triturata,

● la sostanza che si ottiene è trattata con calce viva cioè letteralmente cotta nel latte di calce che provoca la distruzione di sostanze nobili come le proteine, gli enzimi, i sali di calcio, albumine, minerali...

● è trattata con anidride carbonica per togliere la calce residua,

● è trattata con acido solforoso per togliergli il colore scuro,

● cottura,

● raffreddamento,

● cristallizzazione,

● centrifugazione,

● ottenuto lo zucchero grezzo, si decolora con carbone animale,

● in molti casi si tratta con il colorante blu oltremare o con il blu indantrene (proveniente dal catrame) per togliere riflessi giallognoli.

La sostanza così ottenuta è venduta come zucchero, ma la sua azione quando la ingeriamo non è benefica. Influenza il sistema nervoso stimolandolo e creando stati depressivi e falsa euforia col bisogno di assumere altro zucchero. Con l'assunzione prolungata nel tempo, si crea uno stato di dipendenza simile a quello della nicotina.

S'innesca il meccanismo per cui l'assunzione di zucchero fa salire la glicemia e il pancreas reagendo all'anomalia produce insulina creando un brusco abbassamento del livello glicemico. Questa fase è caratterizzata da sudorazione, irritabilità, debolezza. Ovviamente l'organismo reagisce al crollo del valore glicemico immettendo in circolo ormoni come l'adrenalina. Quindi si creano degli stress ormonali che non giovano alla salute generale dell'organismo. Se prolunghiamo nel tempo questi stress anche il sistema immunitario ne risente. Per dare un'idea del rischio tenete conto che indicativamente se ingeriamo circa 50 gr di questo zucchero la capacità di difesa dei globuli bianchi si riduce del 74% e questo stato dura circa 7 ore. Poiché questo prodotto è privo di substrati vitaminici e proteici, l'organismo per scindere lo zucchero deve utilizzare le proprie riserve. Tutto ciò porta a un'acidificazione del sangue e l'organismo per tamponare la situazione comincia a sottrarre calcio dalle proprie riserve come i denti e le ossa.

Questo fatto prolungato nel tempo può condurre all'osteoporosi. Altri danni si verificano nelle arterie con l'incremento del colesterolo, danni epatici e pancreatici, obesità, problemi cutanei.

Instaura carenze vitaminiche creando altri problemi, in particolar modo sono colpiti i livelli di vitamine fondamentali come la B1 e la B2. Questo tipo di zucchero distrugge poi l'acido nicotinico (niente a che fare con la nicotina) fondamentale per molti processi dell'organismo e per il suo mantenimento in salute. A livello intestinale provoca fermentazione con gonfiore, tensione e alterazione della flora batterica.

Bisogna specificare che due cucchiaini di questo zucchero sono tollerabili da chiunque, ma l'uso prolungato nel tempo o l'eccessivo consumo, come l'assunzione di certi dessert alla fine del pasto, cala l'organismo nelle situazioni prima esposte.

Comunque noi partiamo dal principio che questo tipo di zucchero non è un alimento e quindi come tale non bisogna ingerirlo.

Tutti i problemi possono essere evitati sostituendo lo zucchero bianco raffinato con tanti altri prodotti **integrali e vergini**.

Gli industriali ben sanno quanto sia pericoloso questo prodotto, ma gli interessi economici sono più importanti della salute dei cittadini. Infatti, l'ho riscontrato personalmente quando ho smesso di usare questo tipo di zucchero e sono passato allo zucchero di canna grezzo integrale e vergine. Un bel mattino mi capita di leggere un articolo dove si sosteneva che certi produttori vista un'enorme migrazione dei clienti dal loro veleno allo zucchero di canna, avevano pensato bene di colorare il loro e spacciarlo come zucchero di canna. Stupito, ho seguito le istruzioni. Ho preso il mio zucchero di canna e l'ho versato in un bicchiere di acqua tiepida.

Man mano che agitavo il cucchiaino, l'acqua si colorava e lo zucchero riacquistava il suo colore bianco.

Onesti?

Così dice la gente perché non fanno rapine in banca, soldi sempre una questione di soldi. Che schifo.

C'è poi un altro aspetto inquietante. L'asserzione che non corrisponde al vero. Vi faccio un esempio reale. Un prodotto viene pubblicizzato come una pasta pronta ai carciofi da scongelare e cuocere in padella. Quando a un alimento si attribuisce una proprietà, ci si aspetta di trovarla in quantità sufficiente negli ingredienti. Se dico pasta ai carciofi, questi devono esserci in quantità sufficiente. Personalmente se preparo una pasta del genere, nell'impasto metto una quantità adeguata di carciofi. Ebbene leggendo gli ingredienti della confezione scopro che i carciofi sono presenti solo al 3%.

Questo significa che in una porzione media di pasta circa 160 grammi i carciofi presenti sono 4,8 grammi! Nemmeno l'odore!

E il resto cos'è oltre alla pasta?

Conservanti, coloranti, esaltatori di sapidità, aromi (va a sapere quale) e così via.

Non è neppure onestà apparente è proprio truffa.

Il thriller purtroppo non finisce qui e come tutti i racconti gialli ci scappa il morto. Quasi sempre per cancro. L'unica differenza è che gli assassini non sono arrestati.

La bella menzogna che quel prodotto in quella dose giornaliera non è letale è una scappatoia morale e materiale per fuorviare l'attenzione del consumatore. Non si dice che molti di questi elementi non sono smaltibili dall'organismo e quindi si accumulano. Perdurando la situazione, l'accumulo porta a sintomatologie strane, malattie e alla fine al decesso.

È l'accumulo che uccide non la dose giornaliera.

Faccio un esempio.

L'alluminio è un metallo molto tossico per il nostro organismo. Si trova nei seguenti additivi: E173, E520, E521, E523, E541, E545, E554, E555, E556, E559.

L'alluminio è particolarmente tossico per il nostro organismo perché attacca tutti i tipi di tessuto e in particolare il sistema nervoso. Il graduale accumulo di questa sostanza porta, nei casi più lievi d'intossicazione, a disturbi del sonno, perdita di memoria, nervosismo, mal di testa e alla lunga alla compromissione delle facoltà intellettive. Inoltre può provocare anemia, disturbi del linguaggio, compromissione della funzionalità renale. Anni di esposizione a questo elemento conducono alla demenza precoce e all'Alzheimer. L'assunzione dell'alluminio può avvenire non solo attraverso il cibo, ma anche con creme, farmaci e vaccini!

Sì, avete capito bene, farmaci e vaccini. Proprio ciò che dovrebbe guarirti o prevenire la malattia in realtà t'inocula un prodotto molto tossico.

Nessun produttore è abbastanza onesto da scrivere sulla confezione: "Attenzione questo prodotto è tossico! Lo ingerisci a tuo rischio e pericolo".

Eppure nessuno persegue queste persone, perché, ad esempio, l'E173 è vietato solo in Australia, quindi il produttore si trova a essere onesto perché è proprio la legge che difetta della sanzione del suo reato.

Lasciamo un attimo la categoria degli industriali e affini e andiamo a vedere degli insospettabili intenti a sfornare immondizia.

Eccelsi cuochi, specializzati nella pasticceria, ogni giorno si danno un gran da fare per placare la nostra fame e titillare le nostre papille con dolci gustosissimi.

In molti casi però la preparazione di questi dolci utilizza sostanze che sarebbe bene evitare. Saltiamo l'uso indiscriminato di zucchero bianco raffinato di cui ho già parlato, segnalo solo il fatto che le quantità impiegate, spesso, basterebbero da sole a motivare il non consumo del dolce.

Vi porto, ad esempio, il classico cornetto al miele e cereali, tanto decantato, come naturale. Se si analizza la sua reale composizione, si trova soltanto un 8% di miele, poi il 92% costituito da margarina, olio di palma, sciroppo di fruttosio e glucosio. Quindi una bomba di grassi saturi dannosissimi per la nostra salute.

Sono onesti i proprietari dei forni o dei bar che li spacciano?

Davvero non sanno che ciò che producono o vendono è inadatto all'alimentazione umana?

Davvero sono in buona fede?

Io non credo, forse qualcuno, ma poiché tanti, troppi, ogni mattina fanno colazione con cappuccino e cornetto perché mai non realizzare quel cospicuo guadagno?

Mettere fuori legge i cornetti?

No, mettere fuori legge per uso alimentare quegli ingredienti.

Oppure non comprare.

Però mi vorrei soffermare sulla categoria degli esercenti dei bar. Perché i loro locali sono pieni di prodotti sconsigliabili, non è solo una questione di cornetti, c'è di peggio.

Gli alcolici e super alcolici di cui dovrebbe essere vietata la vendita come alimento o bevanda (forse vanno bene per lucidare i pavimenti) non solo ai minori, ma anche agli adulti perché è impensabile e improponibile classificarli come commestibili.

Proibizionismo?

No, una tessera elettronica (potrebbe essere applicata anche ai fumatori) per coloro che si dichiarano dipendenti da questi prodotti. La tessera consentirebbe l'acquisto del prodotto in una dose nel tempo scalare e consentirebbe la lenta desuefazione e impedirebbe l'acquisto a chi non usa abitualmente questi prodotti.

Andiamo avanti. Le bevande in lattina.

Ormai è fatto risaputo e certo che per il rivestimento interno delle lattine si usa il bisfenolo che è un perturbatore endocrinico, induce alterazioni del metabolismo, disturbi gastrointestinali e neoplasie. D'accordo non tutti gli esercenti potrebbero sapere questo fatto, ma il contenuto nella maggior parte dei casi è altrettanto non adatto. E queste sono informazioni che è facile reperire, ma gli esercenti s'informano su ciò che vendono? E se appurano che è tossico smettono di venderlo?

No, in tutti e due i casi.

Qui a Roma si dice: no je ne po' fregà de meno.

Purtroppo sono professioni che non prevedono un ciclo di studi obbligatori.

Non esiste un diploma di barista così come non esiste un diploma di pasticcere. Nessuna fa il ciclo scolastico per diventare barista o pasticcere. Al massimo potete trovare qualche organizzazione privata che vi rilascia il famigerato attestato di partecipazione. Invece ciò che distruggerebbe una gran parte del commercio di pseudo alimenti sarebbe proprio una formazione etica, culturale e tecnica sull'alimentazione specificatamente al settore scelto. Un barista quindi saprebbe con certezza ciò che è moralmente lecito produrre o vendere nel proprio esercizio. La cultura del dopoguerra e le sue successive evoluzioni mostrano alla massa della popolazione queste due professioni e altre come adatte a chi non ha voluto proseguire gli studi, insomma professioni di basso rango che per esercitarle non è necessaria una vasta cultura. Invece poiché le professioni agiscono direttamente sulla salute dell'individuo, sarebbe necessaria una cultura approfondita sugli argomenti inerenti.

I bar vendono abitualmente caramelle, chewing-gum e simili. Purtroppo sono tuti prodotti infestati, nella maggior parte dei casi, da additivi chimici che è meglio evitare. La lista degli alimenti non adatti è lunga e questa non è la sede adatta per farlo, anche perché sarebbe necessario più di un libro solo per sviscerare quest'argomento.

Mi voglio soffermare su un fenomeno che nell'ultimo decennio è dilagato nei bar: le così soprannominate *macchinette mangia soldi.* Sono le eredi di quelle macchine (le slot-machine all'epoca fuorilegge) che a volte nei circoli ricreativi che frequentavamo trovavi nascoste mentre erano visibili i biliardi, ping-pong e flipper.

Le macchine odierne però sono terribili. Infatti, sono programmate per non perdere mai e guadagnare sempre. Questo significa che del totale giocato e incassato dalla macchina, la stessa non ridistribuisce tutta la vincita, ma soltanto il 75%. Questo significa che se tu fossi l'unico giocatore e giocassi ad oltranza, avresti la certezza di perdere il 25% di qualsiasi cifra giocata. Non è più un fatto di scommessa e fortuna, è una perdita certa. L'unico modo per vincere è introdurre una moneta e se si è fortunati, si riscuote la vincita e si scappa via, altrimenti si rinuncia a proseguire nel gioco. Migliaia di persone si sono rovinate economicamente giocando con queste macchine ogni giorno. Danno l'impressione di vincere, ma l'abitudine giornaliera a questo gioco sottrae lentamente denaro dalle tasche del giocatore. Non è un gioco equo. È una truffa. Questo è un fatto risaputo da anni e il barista che per il proprio guadagno accetta la rovina economica e la dipendenza psicologica da queste macchine del proprio cliente, si può definire onesto?

Facciamo un salto e andiamo a vedere i produttori di armi.

Nessuno dichiara che il loro sia un lavoro onesto soprattutto quando non si parla solo della produzione di armi destinate alla difesa della nazione, ma quando si tratta l'argomento del traffico internazionale di armi per sostenere quella o l'altra guerra in qualche paese.

Però io faccio una domanda più subdola; sono oneste le persone che lavorano in quelle fabbriche?

Davvero non conoscono la destinazione delle armi? La sottile differenza è quella che passa tra un coltello e una mitragliatrice. Infatti, il coltello può usarlo per tagliare il pane o per uccidere una persona. Quindi la sua produzione implica che l'acquirente faccia l'uso opportuno dello strumento. Invece per una mitragliatrice non esiste un uso opportuno, il minore danno che posso arrecare è uccidere un animale, ammesso che si voglia fare una scala di valori. Quindi chi lavora in quelle fabbriche, sa bene che sarà usata per uccidere altri esseri umani e sa anche che molte nazioni basano il loro benessere economico proprio su tale commercio.

Eppure nessuno afferma che quei lavoratori sono disonesti.

Ci sono poi delle persone (ci sono sempre state purtroppo) che a me fanno schifo in maniera particolare: sono coloro che speculano sulla salute della gente. In Italia, ad esempio, se non si è fortunati, bisogna aspettare una media di sei mesi per fare una TAC con il servizio sanitario nazionale. Questo fatto secondo me dipende non solo dallo sfascio che gli ultimi decenni di politica hanno indotto nel settore della sanità, ma anche da un numero enorme di persone che hanno bisogno di cure mediche. Quindi se si ha urgenza, ecco là che l'esimo professore stimato e osannato, nell'intimità del suo studio vi propone di farla nella sua struttura privata a pagamento. "Perché aspettare sei mesi con tutti i rischi che ne conseguono, seicento euro e voilà domani la TAC sarà pronta".

Questo è solo un esempio di speculazione invisibile, se cercate informazioni le troverete a riguardo di molte prestazioni mediche urgenti.

Dotti, stimati medici? No, nei fatti no.

La regola migliore per giudicare una persona, non è solo la reputazione che lo accompagna, spesso fuorviante, ma è basarsi sui fatti che produce. Guardate ai fatti, ai soldi e capirete subito se quella è una persona degna della vostra stima. Le chiacchiere che circondano un individuo stanno a zero, sia favorevoli sia contrarie, quando i fatti che questo produce contraddicono le dicerie.

Tra le altre categorie di lavoratori c'è una di cui ho sempre diffidato: i pubblicitari. Sono davvero pochi quelli che inventano una pubblicità solo se il prodotto che sarà poi reclamizzato risponde a delle regole basilari di non nocività e di utilità. Colui che crea una pubblicità, sapendo che influenzerà il comportamento di milioni di persone, dovrebbe prima di preoccuparsi che il prodotto che promuoverà risponda almeno alla regola di non nocività.

Purtroppo non ha mai sentito o conosciuto alcuno che adottasse questo principio, forse ci sono, ma visto i prodotti reclamizzati attraverso i media, ho dubbi seri.

A questo punto, può sembrare che nessuno, in realtà sia onesto perché, direttamente o indirettamente, può produrre danni alle persone.

Il punto se andiamo ad analizzarlo al microscopio è costituito da molteplici punti.

Il primo elemento da tenere in considerazione è quanto il comportamento di una persona è o potrebbe essere nocivo per gli altri, anche se il lavoro è considerabile come onesto.

La scala di valori si evidenzia bene se da una parte mettiamo un muratore che sta lavorando in un appartamento e un addetto alla manutenzione delle strade che sta riversando asfalto.

Il muratore con il suo frullino crea una piccola nube di pulviscolo che è certamente nociva, ma che è limitata per estensione e per possibilità d'interagire con qualche persona.

Invece in strada l'asfalto bollente genera un'estesa nube tossica che sicuramente spandendosi per il quartiere colpirà decine di persone.

Sicuramente vi sarà capitato di imbattervi in questo genere di lavori e respirare, se pur per breve tempo, quella nefasta sostanza che appiccica tuto appena viene in contatto con le nostre mucose.

Respirare quell'aria equivale al catrame di decine di pacchetti di sigarette ogni giorno.

Oggi si continua a usare l'asfalto e il catrame quando con un poco di buona volontà si potrebbero impiegare sostanze meno nocive.

Il problema poi non riguarda tanto noi, quanto occasionali vittime, ma i lavoratori costretti a respirare ogni giorno sostanze che bruciano e uccidono i polmoni.

Quanto vivono mediamente?

Nessuno lo chiede, nessuno se l'ha mai chiesto.

Quindi nei nostri giudizi dobbiamo usare un bilancino di precisione perché la questione dell'onestà apparente, non è solo bianco o nero, ma una gradazione progressiva di grigi che va dal benessere alla morte.

Il secondo elemento da tenere presente è che, in questa società, la priorità è costituita dall'avere la maggiore quantità di denaro possibile perché considerato unico strumento per realizzare il proprio benessere.

La priorità sociale invece dovrebbe essere che qualsiasi attività del singolo componente della società dovrebbe procurare un aumento **reale** del benessere del singolo e della collettività.

Questo non significa che il sistema del denaro come strumento di crediti morali esigibili o rimborsabili sia sbagliato.

È sbagliato che, al posto dello scambio dei crediti, il denaro sia usato come strumento di potere per soverchiare e asservire gli altri al fine di ottenere immensi introiti da convertire poi in privilegi e benessere proprio a scapito anche dell'intera collettività.

Lo so che troppi decenni di politica di persone moralmente nane, ignoranti e incompetenti hanno mutato la figura del politico come amministratore del bene pubblico e lavoratore dipendente della collettività, in un personaggio intento a scalare i vertici dell'amministrazione statale per arrivare a ottenere il potere necessario a gestire i beni di tutti in funzione del proprio interesse.

Certo ci sono state anche figure politiche nobili e competenti, ma i ladruncoli, i ladroni e congrega affine per troppo tempo hanno proiettato il proprio esempio come ombra su tutta la società per cui molte persone si sono sentite autorizzate a limare la propria onestà per aumentare i propri guadagni.

L'impunità di questi loschi figuri ha contribuito a infondere nella popolazione, la convinzione che in fondo in fondo, se sei abbastanza furbo, puoi farla franca.

La distruzione poi del reale significato delle parole e l'attribuzione indotta sottobanco del nuovo reale significato hanno generato e generano continui equivoci su cui navigano e tessono i loro intrighi detti personaggi.

Ad esempio, le parole cambiamento, riforma miglioramento, hanno tutte in comune due estremi.

Da una parte la loro realizzazione porta a una situazione migliore, dall'altra parte a una peggiore.

Tutti però, più o meno consapevolmente, abbinano a queste parole un miglioramento reale del benessere. Questo consente ad abili giocolieri di trincerare dietro queste parole, circondate da altre vuote, i loro reali intenti che nella legge son ben articolati, differentemente dalla massiccia propaganda di parole generiche, generali e vaghe che la precedono e l'accompagnano.

Discernere il vero dal falso, la menzogna dai fatti reali diventa difficile, ubriacati da una girandola di affermazioni, smentite, correzioni che poi guarda caso il provvedimento finale è tutt'altra cosa nei fatti che produrrà.

Onestà?

Non sanno nemmeno lontanamente di che cosa stiamo parlando.

Lasciamo questa categoria di persone ricordando che i danni morali e fisici diretti e indiretti provocati dalla loro bramosia di potere sono ingenti e quasi incalcolabili.

Un'altra categoria di lavoratori che salta subito all'occhio è quella dei banchieri.

Partiamo dal fatto basilare che la banca, così come attuata, non rispecchia il criterio e la funzione fondamentali che dovrebbe avere.

Una banca dovrebbe essere un **custode pro tempore** cui il cittadino affida la custodia dei suoi beni. In quest'ottica la banca riceve un compenso per aver tenuto in sicurezza il bene. L'elemento essenziale è che il bene deve essere restituito immediatamente al momento che il proprietario lo reclama.

Tutto qui, nulla di più. Invece la banca nella visione speculativa odierna è un'organizzazione che utilizza i beni affidatogli (il denaro) per finanziare attività moralmente più o meno lecite in maniera tale da trarne un profitto che altresì non potrebbe realizzare.

Ora, parliamoci chiaro, se un vostro caro amico vi chiedesse un prestito e vi specificasse che non è per bisogno la richiesta e che utilizzerà il vostro denaro e quello chiesto a tutti gli altri amici per fare un prestito da cui ricaverà una forte percentuale d'interesse, quanti di voi concederebbero il prestito all'amico?

Se dite no, perché allora pensate che sia legittimo da parte delle banche fare una tale operazione?

Se le banche investono denaro, significa che parte di quello affidatogli non è più in sede, quindi la banca ha dato via il bene affidatogli. È vero, la banca potrebbe investire i guadagni accumulati negli anni, ma sostanzialmente da dove vengono questi guadagni?

La maggior parte dei politici quando vogliono aiutare la comunità a risollevarsi da un periodo di crisi economica, invece di aiutare economicamente tutti i cittadini che ne hanno bisogno, aiuta le banche!

Aiutano le industrie!

E dicono così riparte l'economia!

Vediamolo nei fatti che cosa significa.

Lo Stato, per quello che dovrebbe essere, è una comunità d'individui che cooperano alfine di migliorare la propria condizione personale e sociale e quella di tutta la comunità.

Lo Stato quindi, quando aiuta industriali e banchieri, sta aiutando un limitato gruppo d'individui a scapito di tutti gli altri. Quindi viene meno al suo intento costitutivo fondamentale che è quello per cui ogni sua azione deve procurare benessere direttamente o indirettamente a tutta la comunità.

La giustificazione a tale comportamento è nel fatto che finanziando banche e industrie, la produzione riprende, aumentano i posti di lavoro e i consumi, l'economia si rimette in moto.

No.

Con una manovra simile ciò sarebbe possibile solo se chi avesse in mano tali fondi fossero delle persone di un'onestà e intelligenza e abnegazione tali da poter utilizzare queste ingenti somme di denaro non vincolate dal proprio interesse, ma soltanto per il bene pubblico.

Avete mai saputo, nel dettaglio, come sono stati realmente utilizzati questi fondi?

È facile spacciarsi per persone competenti e oneste, ma impossibile per costoro esserlo nei fatti.

Onestà. Onestà apparente.

Il discorso sulle banche sarebbe lunghissimo così come quello su altre attività ritenute oneste come le assicurazioni e i mediatori immobiliari.

Non voglio dilungarmi basta fare un esempio. L'assicurazione RCA è, giustamente, obbligatoria per legge. Però in una comunità evoluta, per ogni obbligo, lo Stato dovrebbe fornire il servizio al costo più basso possibile e impedire che il singolo possa approfittare di quest'obbligo, fornendo lui il servizio al posto dello Stato.

La privatizzazione dello Stato è man mano che avanza, la morte dello Stato stesso perché non più proprietà di tutta la comunità, ma soltanto di un gruppo d'individui.

Vogliamo tornare al Far West?

Già ci siamo.

Purtroppo i Tex Willer e i Kit Carson sono scarsi o nella maggior parte dei casi disarmati di quelle leggi ben strutturate e dettagliate che gli consentirebbero di far valere sempre i propri diritti.

Girano ormai neppure su un cavallo, ma su un'auto che, una cultura derivante da decenni di massicce dosi pubblicitarie, ha trasformato in uno status simbolo idolatrato e perseguito costi quel che costi.

Qualcuno, oltre a me, solleva ogni tanto, la questione dell'onesta apparente.

Lo guardano come un marziano, una specie venuta chissà da dove e che non sa come vanno le cose in questo mondo.

Eppure alla base di questo sfascio c'è proprio la mancanza dell'esempio (non in tutti i casi) continuo di un'onestà reale, di quali siano i giusti obiettivi e di come raggiungerli.

Il continuo esempio di piccoli compromessi

che poi possono diventare man mano più grandi, basta che non ci siano conseguenze per se stessi, è la molla che lancia la coscienza in un delirio fatto di apparenza e non di sostanza.

Scusate se in questo mio breve intervento, ho sputato un po' di veleno, ma era molto che lo avevo in bocca e lo sapete bene ha sapore amaro, un amaro forte che non aiuta la digestione, ma anzi la impedisce ogni giorno.

Qual è il livello minimo di onestà accettabile?

L'onestà è come la bugia. Tutti v'insegnano che non è bene dire le bugie, ma poi le esperienze e gli esempi che troviamo crescendo inculcano in noi uno strano concetto diverso da quello originario. Infatti, il concetto originario prevede che non bisogna mentire e che è azione lecita sola se questa serve direttamente o indirettamente a salvare o fare del bene a una persona che lo merita.

Nell'accezione che acquisiamo invece, diventa che la menzogna è lecita se non ci porta conseguenze sgradevoli e nel contempo ci permette di realizzare i nostri intenti. Quindi una menzogna che nessuno svela e ci fa arricchire, in quest'ottica è lecita.

L'onestà ha subito sorte simile. Una disonestà che non è svelata e ci fa arricchire è diventata lecita, anche se le conseguenze per gli altri sono nocive.

D'altronde basta poi, la domenica, un pater, un ave e un gloria per pulire la propria coscienza e ricominciare da capo.

Credo e le cronache della storia umana me lo confermano, l'onestà apparente che ha prodotto maggiori morti nella storia è quella che i cleri di diverse religioni hanno applicato in maniera precisa.

La religione dovrebbe essere un fatto privato, un sentimento personale oppure un fatto di un gruppo che attraverso questo credo in forma di fede riesce a motivare e arricchire il benessere della comunità di cui fa parte. Nel concetto vergine di religione non c'è esaltazione, non c'è il potere terreno, non ci sono la prevaricazione e lo sfruttamento, non ci sono la menzogna e l'accumulo di denaro e beni terreni, non ci sono i fatti che puntualmente le chiese che gestiscono tali religioni producono.

Soprattutto non ci sono le guerre, l'odio, la morte, il delirio visionario di chi vuol far credere che questo o quell'altro Dio lo abbia delegato in terra.

A Roma che per più di un millennio è stata offuscata da un potere religioso temporale e tuttora ne subisce le influenze, c'è un modo di dire tramandato da secoli: " fai quello che dicono i preti, ma non fare quello che fanno i preti".

Perché?

Perché un altro detto che si tramanda in questa città millenaria dice: "Parlano bene, ma razzolano male".

Ovviamente, come in tutte le organizzazioni, ci sono degli esempi illustri, benefici, ma la loro azione se positiva per le persone investite dal loro operato, sono inefficaci per pulire l'organizzazione che solitamente li usa come giustificazione della propria esistenza.

Onestà apparente?

Conclamata, purtroppo.

L'arrotondamento dell'onestà ai propri interessi purtroppo dilaga da anche in fatti minori devastando tutto.

Il fornaio che dà il resto sbagliato, mettendovi in mano una manciata di monetine, così che siate convinti che è giusto.

Il barista che non batte lo scontrino fiscale perché tanto vi conosce.

Il pescivendolo che giura che il pesce è fresco quando guardandolo vi accorgete che ha gli occhi quasi putrefatti.

I pizzettai che lodano le loro pizze perché fatte con olio extra vergine di oliva, ma nel retrobottega hanno bidoni di olio di colza.

I vari negozianti che si pavoneggiano perché vendono solo il Made in Italy quando quel prodotto è stato fabbricato in Cina o nei paesi dell'Est con mano d'opera sfruttata e poi rimarcato qui in Italia.

Vado avanti?

No, non credo che ci sia bisogno di fare un infinito elenco delle azioni, intenzioni e atteggiamenti comuni a troppi venditori.

In questa giungla sembra che tutto sia pericoloso, orrido, malevolo, ma non è così. Ci sono ottimi prodotti, ci sono ottimi venditori, ci sono ottimi produttori, ci sono ottime persone dal punto di vista morale.

Ma quanti sono? Sono la maggioranza?

Sinceramente non lo so.

Però posso assicurarvi di averne incontrati molti, di conoscerne abbastanza da sperare che un giorno le nubi si addenseranno in tutti i cieli del mondo e una pioggia torrenziale laverà e porterà via tutto il putridume che oggi ci asfissia.

L'onestà apparente va spesso a braccetto con l'ipocrisia.

Un'antica questione non risolta alimenta oggi ancora milioni di omicidi giornalieri.

La questione dell'anima degli animali.

Uccidere un animale per alimentarsi è cosa continua e comune nel regno animale.

L'uomo ha però bisogno di un giustificativo morale per la mattanza quotidiana.

Fin da tempi remoti il giustificativo migliore è quella che gli animali sono essere inferiori perché non hanno un'anima.

Controbattere quest'asserzione è difficile, tanto quanto, per chi fa quest'affermazione, spiegare con termini realistici e non vaghi e indeterminati, che cosa è l'anima.

Al fatto poi che non hanno un'anima, abbinano anche il fatto che agiscono per istinto, il loro non è vero pensiero, non ragionano.

Questo fatto è facilmente oppugnabile.

Non solo gli animali pensano, ma ragionano secondo le loro possibilità, l'esperienza trasmessa geneticamente e quelle fatte nell'ambiente in cui vivono.

Certo c'è una dose d'istinto, ma è presente anche nell'uomo, guai a disattivare un'arma di difesa così antica e radicata.

Soltanto cento anni fa, l'ignoranza era tanta da giustificare la mattanza degli animali ma oggi che possediamo un discreto bagaglio scientifico, tutto ciò potrebbe essere evitato.

Per vivere in salute non c'è bisogno di mangiare un abbacchio (ma è così buono!), non c'è bisogno di mangiare un cane, un gatto, un coniglio o altro membro delle innumerevoli specie che sono allevate, spesso in condizioni mostruose al solo fine di essere la portata dei commensali.

C'è bisogno di educazione alimentare e di prodotti che siano realmente alimenti.

C'è bisogno di terreni puliti, non inquinati da rifiuti industriali tossici, c'è bisogno di acqua pulita non inquinata da rifiuti pericolosi, c'è bisogno di aria pulita non ammorbata da fumi delle ciminiere o delle automobili.

C'è bisogno di rendere il nostro patrimonio ambientale sano almeno tanto quanto lo era prima della cosi detta rivoluzione industriale.

Questo non significa essere l'oltranzista, dal punto di vista alimentare, dei vegani e da quello sociale degli ambientalisti.

Significa esattamente **non comprare**.

Non comprate le immondizie infestate dagli additivi, non comprate i prodotti alimentari realizzate schiavizzando la mano d'opera di quel o quell'altro paese.

Non fatevi condizionare dalla pubblicità, evitatela, non ascoltatela, non guardatela, per acquistare basatevi sui fatti.

Molti di questi fatti sono scritti sull'etichetta dei prodotti. Imparate che cosa significano quelle diciture, studiate le proprietà degli ingredienti così potrete scegliere solo ciò che si avvicina oppure è un alimento.

Non comprate.

E se non comprate, le industrie che producono le immondizie perderanno potere perché non avranno denaro e alla fine o cambieranno comportamento o chiuderanno.

Non comprate.

Non comprate ciò che non vi serve.

Un'automobile potete usarla con qualche manutenzione per dodici anni. Non è uno status simbolo, ve l'hanno fatto credere bombardandovi per decenni con sensuali e subdole pubblicità. Non vi serve un'automobile, ma un'auto che serva le vostre necessità. Non rottamate, riciclate.

Molti riportano le parole di subdoli politici, asserviti a quello o quell'altro interesse economico, dichiarando che così chiudono le industrie, diminuiscono i posti lavoro, aumenta la disoccupazione, il paese va allo sfascio.

Non è vero.

Il paese continua ad andare allo sfascio perché la produzione, nella maggioranza dei casi, non aumenta il reale benessere dei cittadini.

Bisogna quindi sostituire i lavori dannosi, sia dal punto di vista economico che ambientale con lavori che, oltre a produrre una crescita economica, generino prodotti che aumentano realmente il benessere.

Facciamo un esempio.

Uno stato realmente civile che cosa farebbe in materia di energia?

Un paese come l'Italia, se fosse condotto da persone indipendenti con un minimo di saggezza e onestà, creerebbe tre industrie statali di pannelli solari: una al nord, una al centro, una al sud. Le tre industrie produrrebbero pannelli solari per tutte le abitazioni della nazione in pochi anni. Li potrebbero proporre a prezzo di costo rendendo così in breve tempo, possibile l'abbattimento dalla dipendenza di petrolio con un notevole risanamento dell'ambiente. Lo stesso Stato incentiverebbe l'acquisto di auto elettriche, ibride e non vi proporrebbe agevolazioni per rottamare la vostra vecchia auto a benzina per comprarne una nuova che usa la stessa fonte inquinante.

Uno Stato civile metterebbe fuori legge gli additivi chimici inutili e dannosi negli alimenti. Metterebbe fuori legge la produzione e lo spaccio dei prodotti con tabacco e derivati. Metterebbe fuori legge la produzione e lo spaccio di super alcolici. Si prenderebbe cura di coloro che sono rimasti vittime di queste droghe tremende, curandole e consentendogli una progressiva disintossicazione.

Uno Stato civile per ogni albero abbattuto ne pianterebbe due, installerebbe depuratori su tutti i corsi di acqua, garantirebbe il supporto economico, per il periodo necessario, a tutti coloro che in quel periodo non possono provvedere autonomamente.

Uno Stato civile fornirebbe in prima persona le fonti necessarie di energia e comunicazione: gas, elettricità e telefonia al costo più basso senza impedire la concorrenza privata.

Uno Stato civile non si farebbe privatizzare.

Assumerebbe il personale necessario all'espletamento di tutte le attività necessarie per il mantenimento dell'ambiente e delle strutture.

Non solo funzionari e impiegati amministrativi, spesso burocrati e ottusi, ma anche muratori, stradini, elettricisti, architetti, idraulici, falegnami e così via.

Non dovrebbero esistere gli appalti.

Lo Stato dovrebbe essere in grado di mantenere e provvedere a tutto il suo apparato in maniera autonoma.

Allora pagare le tasse avrebbe un senso e uno scopo.

Chi obietta a queste buone intenzioni, lo fa con le solite asserzioni:

Non ci sono soldi!

C'è la crisi!

Utopie irrealizzabili!

Se lo Stato fa tutto, cosa fanno i privati?

Ma è la morte della libera imprenditoria!

Ma è la morte del mercato libero!

No. Non è morte. Il contrario. Sarebbe la garanzia e lo sprono affinché i privati non ottengano il loro interesse succhiandolo allo Stato cioè a tutti i cittadini.

Uno Stato civile dovrebbe avere una banca di sua proprietà, soltanto sua.

Il discorso certo è lungo e articolato e in questa sede è stato richiamato soltanto per capire quali siano le sacche dove si sviluppano e allignano le possibilità di certi comportamenti che rientrano tutti e sono classificati come onesti, ma che onesti lo sono solo apparentemente.

A volte mi chiedo se davvero la gente vorrebbe vivere in una democrazia reale e non in un'apparente, se davvero anela una società civile e libera, oppure, in fondo in fondo, questo Far West lo adora.

Un Far West dove eroi cercano di fare la cosa giusta e bande di tagliagole e scalzacani depredano i beni comuni.

Un Far West fatto di fiumi di parole, menzogne, verità, morti, omicidi, regolamento di conti, furti, denari, impegni civili, omicidi, aiuti... tutto mischiato, amalgamato e fuso su un territorio che ancora amiamo. Un Far West dove le banche si stanno comprando tutto e i grandi potentati economici fanno il bello e il cattivo tempo.

Un Far West che sarebbe certo interessante vedere in un buon film, ma che nessuno con un poco d'intelligenza, sarebbe disposto a vivere troppo a lungo.

Che cosa possiamo fare?

Non arrenderci. Cercare di non crepare.

E questo sembra ovvio, ma è già molto.

Possiamo, secondo le nostre possibilità, ogni giorno mettere il giusto sassolino nel giusto posto.

Un sassolino non cambierà molto, dieci milioni di sassolini, ogni giorno, faranno una montagna.

Libri pubblicati dall'autore

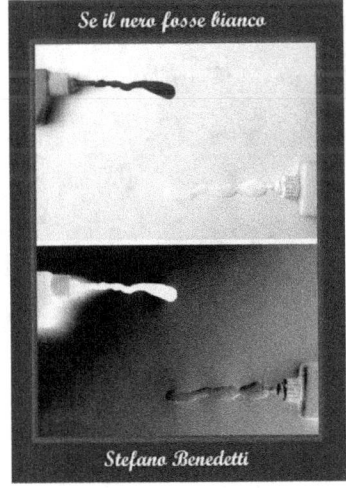

La valle della Caffarella

Stefano Benedetti

Collana Vivere Roma

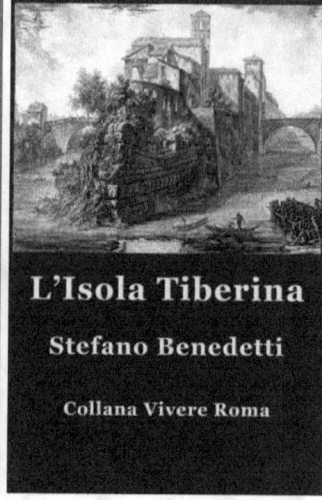

L'Isola Tiberina

Stefano Benedetti

Collana Vivere Roma

Villa dei Quintili

Stefano Benedetti

Collana Vivere Roma

Street art in Rome:
the murals

Stefano Benedetti

International edition

Series potography and society

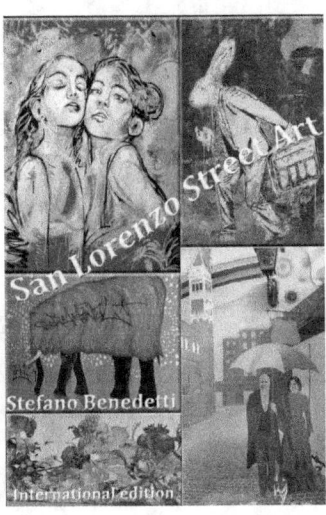

Noi, quelli di città
Stefano Benedetti

KRENF

STEFANO BENEDETTI

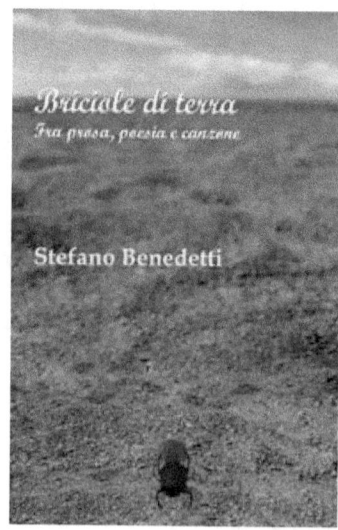

Briciole di terra
Fra prosa, poesia e canzone

Stefano Benedetti

Poesie proibite

Stefano Benedetti

Allium, cioè proprietà farmacologiche, storia, coltivazione, ricette e benefici dell'aglio

Stefano Benedetti

Collana: Alimentazione e benessere

Allium Cepa

cioè tutto quello che è utile sapere sulla cipolla

Stefano Benedetti

Collana: Alimentazione e benessere

Juglans Regia, cioè la ghianda di Giove più importante: la noce

Stefano Benedetti

Collana Alimentazione e benessere

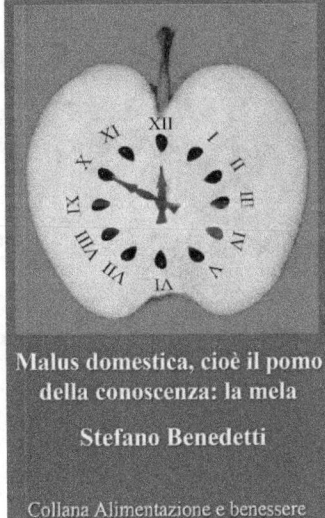

Malus domestica, cioè il pomo della conoscenza: la mela

Stefano Benedetti

Collana Alimentazione e benessere

Antalogia
Volume 1: le finestre
Stefano Benedetti

Antalogia Volume III: i portoni
Stefano Benedetti

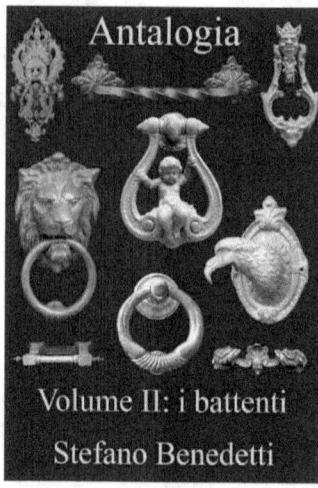

Antalogia

Volume II: i battenti

Stefano Benedetti

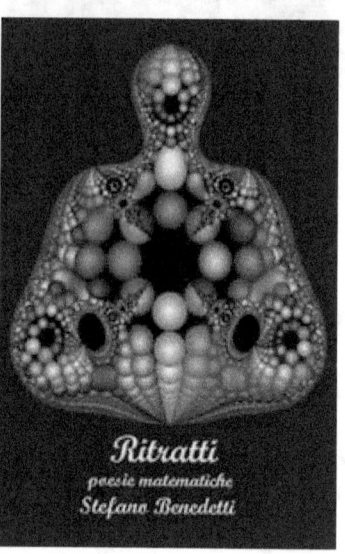

Ritratti
poesie matematiche
Stefano Benedetti

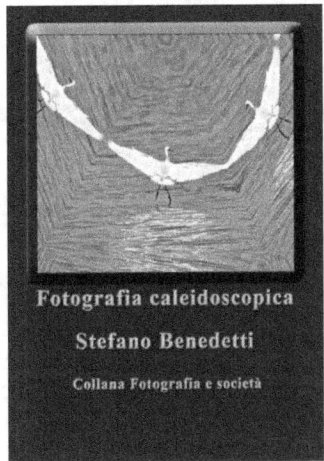

Fotografia caleidoscopica

Stefano Benedetti

Collana Fotografia e società

Il magico numero nove
e i suoi amici multipli

Stefano Benedetti

**Le quotazioni di 2200
apparecchi fotografici
dal 1900 al 2000**

Stefano Benedetti

Collana Fotografia e società

Le stime degli obiettivi fotografici

Stefano Benedetti

Collana fotografia e società

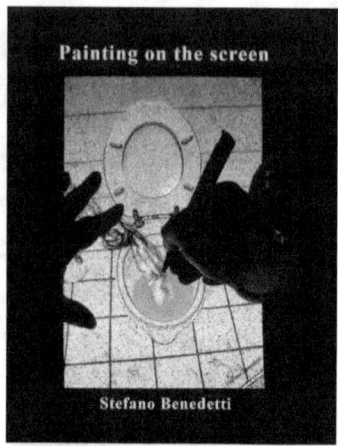

Painting on the screen

Stefano Benedetti

Le stime delle fotocamere
Edizione 2017-2018

Stefano Benedetti

Collana Fotografia e società

Le stime degli obiettivi
Edizione 2017-2018
Stefano Benedetti
Collana Fotografia e società

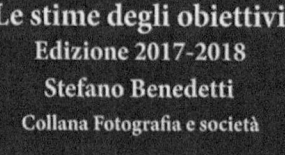

Camera lenses estimates
Stefano Benedetti

International edition
Series photography and society

The Caffarella Valley

English Edition

Stefano Benedetti

Series: Live Rome

Villa dei Quintili

Stefano Benedetti

English edition
Series: Live Rome

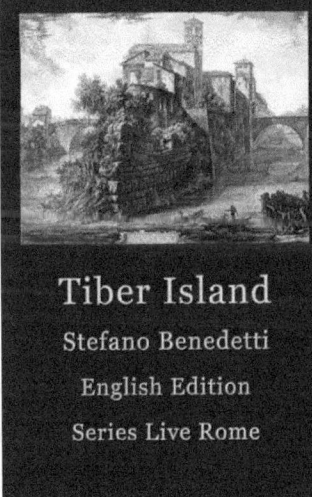

Tiber Island

Stefano Benedetti

English Edition

Series Live Rome

Cameras estimates
1900-2000

Stefano Benedetti

English edition

Series: Photography and society

Distribuzione libri

Versione cartacea: Amazon - Createspace – Il miolibro

Ebook: Amazon – Kobo- Ilmiolibro

E

Tutti gli store nazionali e internazionali.